AF269358

Sabera Ahsan

APULEYO EDICIONES   FOMENTO DE VALORES   CUENTOS ILUSTRADOS

Blancanieves y la Máquina de Karaoke

APULEYO EDICIONES   FOMENTO DE VALORES   CUENTOS ILUSTRADOS

Dedicatoria

Escribí esta historia para mis sobrinos y sobrinas, y para honrar a todas las generaciones por venir. Quiero que recuerden que nuestra humanidad común debe unirnos cualquiera que sea nuestra fe o creencia.

Snow White
and the
Seven Dwarfs
School Musical!

Cuando era una niña, quería ser una princesa. Cada año, nuestra escuela presentaba un cuento de hadas y este año era el turno de Blancanieves. Estaba muy feliz. «Blancanieves tiene el cabello oscuro, como yo», pensé. Además a mí me encantaba cantar entonces.

Yo soñaba con tener la oportunidad de ser la princesa, pero en años anteriores nunca conseguí el papel.

Algunas veces pensaba que era porque no lucía como las princesas que veía en la mayoría de los cuentos de hadas. Pero eso no me impidió soñar; porque tenía un plan.

Aunque no lucía como una princesa, cantaría como una de ellas y quizás este año me darían el papel.

Mi madre y mi padre podían ver lo feliz que estaba y ellos me alentaron a practicar mi canto.

—Sé la mejor Blancanieves que puedas ser.

No todos estuvieron de acuerdo conmigo cuando dije que soñaba con ser la protagonista en la obra escolar. Algunas veces, alguien susurraba algo malo en mi oído como: «Tú no luces como una princesa y tienes que cantar muy bien para conseguir el papel».

Yo respondía: «Eso no importa porque estoy trabajando y practicando duro. Mi madre y mi padre me dijeron que el trabajo duro siempre rinde sus frutos».

Así que practicaba cantando todo el día todos los días. Practicaba en la cocina, en la habitación e inclusive en el baño.

Ya que la escuela estaba haciendo una audición para papeles en la obra, practicábamos un poco más de lo normal. Yo pensaba que eso era genial, porque cuanto más practicásemos, mejores seríamos.

Finalmente, llegó el día de las audiciones. Había estado cantando constantemente en casa; esta era mi oportunidad de brillar y destacar. Era el momento que tanto había estado esperando año tras año.

«Es posible que me elijan esta vez. Solo tengo que ser la mejor cantante de toda la clase», seguía pensando para mí misma. Yo me di cuenta que podría haber alguien más en la clase que también soñara con ser Blancanieves, sin embargo, esta vez, de corazón, sentía que lo lograría.

Era mi momento, y había esperado pacientemente por mucho tiempo para ser elegida como la princesa. Canté con todo mi corazón.

Me di cuenta de que mi profesora, la Sra. Jones, me miraba muy cuidadosamente. «Ella debe de estar prestando mucha atención a cómo canto», pensé. «Todo mi trabajo duro está comenzando a rendir frutos. Ella debe haberse dado cuenta que canto maravillosamente».

Realmente esperaba con ansias su opinión.

«Oh, vaya, creo que puedo escuchar a alguien gruñendo como un oso. Eso no servirá de mucho. Debemos ser lo mejor que podamos durante nuestra obra y no podemos permitir que nadie haga ruidos raros mientras cantan», dijo la Sra. Jones.

Miré alrededor y me preguntaba quién podría haber sido, pero no vi a nadie. Todos estaban cantando maravillosamente.

«Aisha, deja de cantar. Estás haciendo sonidos raros cuando cantas. Suenas como un oso gruñendo», dijo la Sra. Jones.

Todos en la clase me miraron. Y me sentí muy avergonzada. Mi corazón se hundió y se rompió en un millón de pedazos. Yo supe entonces que ya no iba a ser Blancanieves. Me dieron el papel de uno de los siete enanos.

Ese día, después de la escuela, le pregunté a mi mamá:

—Mamá, ¿sueno como un oso gruñendo cuando canto?

—Claro que no, querida. Suenas bonito —dijo mi madre.

—¿Entonces por qué mi profesora me dijo eso?

Ella me abrazó con fuerza:

—No te preocupes, mi querida Aisha. No permitas que nada te detenga nunca. Ese es el mejor consejo que puedo darte, mi querida hija. Siempre sigue tus pasiones y cree en ti misma, sin importar lo que te digan. Siempre que cantes, hazlo con toda tu alma y corazón. Tú siempre sonarás hermoso.

Sin importar lo mucho que intentara escuchar las cariñosas palabras de mi mamá, todo lo que podía escuchar era a la Sra. Jones diciendo en frente de todos que estaba gruñendo. Decidí que nunca más cantaría de nuevo.

Yo intenté ser la mejor enana posible, pero cuando ensayabamos, ninguna palabra salía de mi boca. Yo solo pretendía cantar. Yo solo movía mi boca, pero no salía ningún sonido. Nadie en la escuela notó que no estaba cantando, ni tampoco mi corazón roto ni que me ocultaba detrás de una triste sonrisa. O quizás la Sra. Jones sí lo notó. Quizás por eso me dio el papel del enano gruñón.

El día de la obra llegó. Yo podía ver a mi madre y a mi padre en la audiencia, mirándome, notando que realmente no estaba cantando. Yo sabía que ellos estaban tristes, pero aplaudían y me animaban de todas formas.

Yo corrí a mi habitación después de la obra y mi madre me siguió.

Mi madre me preguntó: «¿Por qué no cantaste? Te gusta cantar». Yo le dije que mi voz había desaparecido y que ya no podía encontrarla.

Ella se sentó conmigo y me dijo: «Echo de menos tu canto. Iluminaba la casa y siempre me hacía sentir feliz. Recuerda, el canto viene de un lugar extraordinario. Solo cierra tus ojos, canta desde tu corazón y deja que la música te mueva. No le prestes atención a los demás».

Yo intenté cantar de nuevo, en la cocina, en la habitación, en la sala de estar, e incluso frente al espejo. Pero no salía ningún sonido. Me di por vencida.

Yo intenté entender lo que mi madre me había dicho, pero no fue de ayuda. Yo ya no podía cantar desde mi alma ni desde mi corazón.

Mi cumpleaños iba a ser pronto y ella me preguntó si había algo que me gustaría hacer. Yo contesté que este año no quería celebrar mi cumpleaños.

«Quizás el próximo año, cuando me sienta más feliz y recupere mi voz», dije.

El día de mi cumpleaños me desperté y vi en el suelo una extraña máquina. Yo le pregunté a mi madre qué era: «Es una máquina de karaoke. Cuando la enciendes, eliges una canción. Cantas en el micrófono y tu voz suena increíble. Todos serán capaces de escucharla».

Yo intenté cantar, pero no salió ningún sonido. Ni siquiera esta máquina mágica podía ayudarme. Así que se quedó en el armario.

Pasaron los años y cuando crecí, me volví profesora. A mis estudiantes les encantaba la música y a menudo cantaban canciones, pero me seguía pareciendo muy difícil cantar y siempre recordaba por qué perdí mi voz. Yo dejaba que todos los niños cantaran, pero yo solo movía mi boca y pretendía que estaba cantando la canción.

Un día noté que uno de los estudiantes en mi clase solo estaba moviendo su boca. Luego vi que estaba sentada sola. Me senté a su lado y dije:

—Noté que no estabas cantando hoy con el resto de la clase.

—Señorita Aisha, me gusta cantar, pero alguien me dijo que sueno horrible. Así que ya no canto.

Eso me hizo sentir increíblemente triste, pero entonces tuve una idea.

Esa noche fui a la casa de mis padres y le pregunté a mi padre si él recordaba dónde habían puesto la máquina de karaoke.

Mi padre contestó: «Oh, sí, tu madre la guardó en el armario. Ella sabía que un día encontrarías de nuevo tu voz. Cuando eras pequeña y cantabas, llenabas la casa con luz y felicidad. Tu madre solía decirme cuánto echaba de menos tu canto».

Yo sentí lágrimas cayendo por mis mejillas y, de repente, todo se sintió diferente. Yo sabía que tenía que ser valiente y cantar de nuevo, sin importar nada, sin importar la opinión de los demás. Cantar contagia alegría y eso es lo que realmente importa.

Al día siguiente, en las clases compartí la historia de cuando era una pequeña niña. Les conté a mis estudiantes qué tanto me gustaba cantar, pero debido a que me dijeron que no podía cantar bien y que sonaba como un oso gruñendo dejé de cantar. Yo saqué la máquina de karaoke que había estado guardada en el armario de mis padres por muchos años. Le dije a la clase que iba a ser valiente y que iba a cantar en frente de ellos por mí misma, pero no salieron palabras.

La pequeña niña, que, como yo, tenía miedo de cantar, tomó el micrófono del karaoke y comenzamos a cantar juntas en frente de toda la clase. Yo recordé lo que mi madre me había dicho: «Solo recuerda que cantar viene de un lugar extraordinario; cierra tus ojos, canta desde tu alma y corazón y no le prestes atención a los demás». Sin importar cómo sonábamos; éramos valientes y ambas cantamos la canción con todo nuestro corazón. Todos nos aplaudían y animaban.

Sobre la escritora

Mi familia es originaria de Bangladesh, un país muy lejos de Inglaterra, donde nací a finales de la década de 1960. Me encanta escribir historias inspiradas en la infancia. Me apasiona reunir a las personas y a las comunidades en base a nuestros valores comunes compartidos. Quiero que la educación de todos los niños del país en el que nací sea feliz y llena de experiencias mágicas.

English version

Gracias a mi sobrina Zara Woodhead por su talento, amor y pasión en la creación de esta obra de arte.